Elke Gulden   •   Bettina Scheer

Kinder tanzen mit Tüchern, Reifen, Springseil & Co.

Einfache Choreografien für Kita-Kinder von 2 bis 6

Illustrationen von Simone Pahl

Ökotopia Verlag, Aachen

impressum

Autorinnen	Elke Gulden
	Bettina Scheer
Illustratorin	Simone Pahl
Covergestaltung	PERCEPTO mediengestaltung
Satz	art-applied, Münster
Notensatz	Ja.Ro. Music, Taunusstein
Druck	Leo Paper Products Ltd., Heshan, China
ISBN	978-3-86702-324-5

1. Auflage 2017
© 2017 Ökotopia Verlag, Aachen

Bleiben Sie in Kontakt

www.oekotopia-verlag.de

Weitere Titel aus der Reihe ‚Kinder tanzen':

Kinder tanzen durch die Lichterzeit
ISBN 978-3-86702-288-0

Kinder tanzen durch den Wilden Westen
ISBN 978-3-86702-290-3

Kinder tanzen durchs Märchenland
ISBN 978-3-86702-289-7

Kinder tanzen Hip Hop, Disco, Swing & Soul
ISBN 978-3-86702-311-5

Inhaltsverzeichnis

Vorwort

Das fünfte Buch der Reihe „Kinder tanzen" enthält acht neue, schöne Lieder und Musikstücke, deren Charakter von ruhig über lustig und lebendig bis hin zu modern reicht.

Der Schwerpunkt der Choreografien liegt dieses Mal auf dem Tanzen mit Materialien. Dabei kommen sowohl alltägliche Gebrauchsgegenstände wie Kissen, Regenschirme oder Spielzeugautos als auch Springseile, Bälle, Federn und Reifen zum Einsatz. Auch selbst gebastelte Glücks- und Rhythmikbandstäbe sowie Pompons finden Verwendung.

Unserer Erfahrung nach lieben es die Kinder, sich mit Gegenständen und Material zu bewegen und es gemeinsam zum Leben zu erwecken.

Falls eine Videokamera zur Hand ist – oder auch ein Smartphone – so ist es schön, wenn die Kinder auch einmal gefilmt werden können. Denn so können die Kleinen den Effekt, den sie beim Tanzen durch entsprechende Bewegungsführung von Feder, Fächer, Tuch & Co. erzeugen, selbst wahrnehmen.

Natürlich bedarf es, wenn Material eingesetzt wird, immer besonderer Regeln, damit sich niemand verletzt und das Ganze nicht in einem Chaos endet. Diese sind aber leicht mit den Kindern zu vereinbaren, insbesondere, wenn diese Regeln gemeinsam mit der Gruppe festgesetzt werden.

Die Kinder brauchen Gelegenheit, das Material zu erkunden, insbesondere, wenn es sich dabei um etwas handelt – wie z. B. Pompons –, das sie nicht jeden Tag in Händen halten, oder es sich um einen Gegenstand dreht, der zweckentfremdet wird, wie z. B. ein Regenschirm. Geben Sie den Kindern Zeit herauszufinden, was sich damit alles anstellen lässt und überlegen Sie gemeinsam, wo potentielle Gefahren bestehen können und wie sich diese umgehen lassen. So werden zum Beispiel Bälle beim Tanz nicht wild durch die Gegend geworfen oder getreten, Federn nicht in den Mund genommen und Regenschirme zeigen mit der nicht vorhandenen Spitze (bitte nur Kinderschirme verwenden) immer zum Boden.

Alle Ideen lassen sich schnell und einfach umsetzen, denn die meisten der angegeben Materialien sind in der Regel in den meisten Einrichtungen vorhanden oder sie lassen sich schnell selbst herstellen. Zugegeben, die wenigsten Kindergärten werden eine Kiste mit Kinderregenschirmen in ihrem Schrank haben, doch dürfte es kein Problem sein, die Kinder zu bitten, den eigenen Schirm mitzubringen, den die meisten Kinder zuhause haben dürften.

Einführung

Ein Tanzbuch für Kindergartenkinder? Brauchen denn Kinder in diesem Alter überhaupt Tänze? Sollten sich Kinder nicht besser einfach frei bewegen – so wie es ihnen einfällt und gefällt? Ja, ja und ja lauten die Antworten auf diese drei Fragen, die uns durch all unsere Bewegungs- und Tanzseminare in den letzten Jahren begleitet haben. Das Erstaunliche dabei ist, dass sich die Antworten auf die Fragen zwei und drei dabei nicht widersprechen.

Kinder brauchen viele Gelegenheiten, kreativ zu sein und damit die Welt auf ihre Weise erkunden zu können. Für den tänzerischen Bereich bedeutet es, sowohl die Musik als auch den eigenen Körper als Ausdrucksmöglichkeit zu entdecken. Wie klingt eine Melodie? Langsam, schnell, fröhlich, traurig, wütend, verträumt? Klingt sie hüpfend oder eher schleichend? Träge und schwerfällig oder eher leicht, luftig und flott? Und welche Bewegung passt dazu? Auch das Heraushören von verschiedenen Musikteilen ist entscheidend. Wie verändert sich eine Melodie, wo hört der eine Teil auf und wo beginnt der nächste? Kreative Tanzspiele unterstützen die Kinder hierbei und sind ein entscheidender Baustein in ihrer Entwicklung. Einige solcher Spiele finden sich auch in diesem Buch.

Der Schwerpunkt dieser Tanzbuchreihe liegt jedoch in der Erarbeitung erster kleiner und altersgerechter Choreografien. So wie Kinder im Spiel frei mit ihrer Stimme spielen, so wie sie sich für ihre Puppen und Spielfiguren eigene Geschichten ausdenken, so brauchen sie darüber hinaus auch Lieder, die alle singen, und geschriebene Geschichten, denen sie beim Erzählen oder Vorlesen zuhören. Das eine schließt das andere nicht aus und dies gilt mit der gleichen Richtigkeit für den tänzerischen Bereich.

Unabhängig von Geschlecht und Nationalität tanzen Kinder im Kindergartenalter in der Regel alle sehr gerne. Sie haben Spaß an der Musik, an der Bewegung und nicht zuletzt auch an der Präsentation. So viel Vergnügen das freie Tanzspiel bereitet, so viel Freude macht es auch schon den Kleinen, gemeinsam etwas zu entwickeln und ihr Können bei der einen oder anderen Gelegenheit vorzuzeigen.
Entscheidend ist, dass das Üben nicht in Drill ausartet, dass es spielerisch in kleinen Schritten geschieht, so dass die Kinder mit Freude dabei bleiben.

Einige **Choreografien** in diesem Buch sind sehr einfach und bereits für Krippenkinder geeignet. Andere richten sich ausschließlich an Vorschulkinder. Die meisten Tänze sind jedoch für altersgemischte Kindergartengruppen geschrieben.
Zusätzlich haben wir neben die einzelnen Choreografien die Abbildung von kleinen Schuhen gesetzt.

 Ein Schuh steht dabei für sehr einfache Choreografien,
 zwei Schuhe für ein wenig komplexere Bewegungskombinationen.

Einige Tänze enthalten u. U. eine Bewegungsabfolge, die mit Kindern, die bisher wenig bis keine Tanzerfahrungen gemacht haben, geübt werden muss. Dies bedeutet nicht, dass sie zu schwer ist. Auch ein neues Lied können Kinder nicht von Anfang mitsingen. Zunächst müssen sie es einige Male hören, dann setzen sie irgendwann im Refrain ein und nach und nach kommen die einzelnen Textzeilen hinzu. Ähnlich ist es auch im Tanz.

Um dem Rechnung zu tragen, sind auf der beiliegenden CD zusätzliche **Übungstracks** abgemischt, die einzelne Melodieabschnitte der Lieder mehrfach hintereinander abspielen. Auf diese Weise können einzelne Bewegungen einfach viele Male nacheinander getanzt werden, ohne dass Sie zum CD-Spieler laufen müssen, um die Musik zurückzusetzen, oder Sie warten müssen, bis sich der Einsatz musikalisch wiederholt.

Die **didaktischen Tipps** unter den Tanzbeschreibungen unterstützen Sie bei der Umsetzung mit den Kindern.

Grundsätzlich haben wir darauf geachtet, dass die Tänze im Gesamten einfach gehalten und ohne tänzerische Vorerfahrung Ihrerseits umsetzbar sind. Dabei haben wir alle Tänze mit unseren Kindergruppen probiert und in der Praxis weiterentwickelt. Nur die Lieder und Tänze, die allen Kindern sichtbar Freude gemacht haben, haben es in dieses Buch geschafft.

Selbstverständlich gilt aber auch hier, genau wie bei all unseren anderen Büchern:

- Alle Inhalte sind lediglich als Vorschläge zu verstehen, wenn Sie aus ihnen eigene Ideen entwickeln, freuen wir uns.
- Erscheint Ihnen etwas für Ihre Kindergruppe zu schwierig, vereinfachen Sie Schrittkombinationen, indem Sie Bewegungen streichen und sie beispielsweise einfach durch eine Wiederholung der vorhergehenden Bewegung ersetzen.
- Erscheint Ihnen etwas zu einfach, dann nehmen Sie eine Bewegung aus einem anderen Tanz heraus oder ergänzen Sie einen Schritt durch eine zusätzliche Arm- oder Kopfbewegung.

Lange haben wir überlegt, wie wir die Bewegungen der Kinder am besten aufschreiben. Da sich dieses Buch an LeserInnen richtet, die nicht aus dem professionellen Tanzbereich kommen, wollten wir ganz bewusst, auf die allgemein gültige Tanzsprache verzichten und eine Methode wählen, die auch für diejenigen leicht lesbar ist, die sich bisher noch gar nicht oder nur wenig mit Kindertänzen auseinandergesetzt haben.

Schlussendlich haben wir uns nach vielen Umfragen in unseren Seminaren für eine Tabellenform entschieden.

- In der linken Spalte finden Sie den musikalischen Aufbau des Liedes sowie den Teil des Liedtextes, der Ihnen eine Textorientierung der Bewegungen ermöglicht.
- Die mittlere Spalte gibt die Bewegungsbeschreibung wieder.
- In der rechten Spalte können Sie die Zählzeiten ablesen.

Die **Zählzeit** gibt an, wie viele Grundschläge ein Lied, bzw. ein musikalischer Teil enthält. Diese Angabe benötigen wir vor allem für die Bewegungsbeschreibung der beiden Instrumentalstücke als auch zur Beschreibung der Bewegungen während instrumentaler Zwischenstücke. Aber auch für die Übungstracks ist die Angabe der Zählzeiten hilfreich. Für jemanden, der noch nie die Schläge eines Liedes gezählt hat, mag es zunächst recht kompliziert klingen, aber glauben Sie uns, es ist ganz einfach:
Wippen Sie einfach gleichmäßig mit dem Fuß im Takt zur Melodie und Sie haben den Grundschlag.

Der Gute-Laune-Song

Das ist der super Gute-Laune-Song,
das beste Lied der Welt.
Der super dooper Gute-Laune-Song,
der jedem Kind gefällt.

Kein Fuß bleibt stehn, keine Hand steht still,
weil alles sich bewegen will.
Schon tanzen alle durch den Raum,
so schnell kann's gehn, man glaubt es kaum.

Das ist der super Gute-Laune-Song …

Der Rhythmus geht direkt ins Blut
tut einfach jedem Menschen gut.
Begeist'rung nimmt dich in Besitz.
Niemand' hält's mehr auf dem Sitz.

Das ist der super Gute-Laune-Song …

Ein jeder freut sich, jeder lacht,
weil das hier gute Laune macht.
Drum singen wir jetzt noch einmal,
los geht's sofort auf mein Signal.

Das ist der super Gute-Laune-Song … (2 x)

Tanzbeschreibung 1

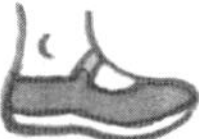

Material: für jedes Kind 2 Cheerleader-Pompons
Hinweis: Cheerleader-Pompons für Kinder sind heute nicht mehr sehr teuer, lassen sich allerdings auch sehr leicht selbst herstellen. Da es im Netz viele Bastelanleitungen dazu gibt, verzichten wir an dieser Stelle auf eine Beschreibung.
Aufstellung: Innenstirnkreis

Intro		**1 + 1–4**
		4 x 1–8
Refrain		**4 x 1–8**
Das ist der super Gute-Laune-Song,	4 Schritte nach vorne gehen, dabei die Pompons vor dem Körper im Wechsel auf und ab bewegen	1–8
das beste Lied der Welt.	mit beiden Armen frontal vor dem Körper einen Armkreis ausführen	9–16
Der super dooper Gute-Laune-Song,	4 Schritte zurück gehen, dabei die Pompons gleichzeitig mit schnellen, kleinen Bewegungen auf und ab bewegen	17–24
der jedem Kind gefällt.	mit beiden Armen einen Frontalarmkreis vor dem Körper ausführen	25–32
1. Strophe		**4 x 1–8**
Kein Fuß bleibt stehn, keine Hand steht still,	Oberkörper neigen und mit den Pompons auf die Füße tippen	1–8
weil alles sich bewegen will.	mit den Beinen wippen	9–16
Schon tanzen … es kaum.	freies Tanzen am Platz	17–32
Bridge	Pause	**1 x 1–4**
Refrain	s. o. Refrain	**4 x 1–8**
2. Strophe		**4 x 1–8**
Der Rhythmus	2 x mit den Pompons klatschen	1–2
geht	2 x am Platz stampfen, Pompons still halten	3–4
direkt	2 x mit den Pompons klatschen	5–6
ins Blut	2 x am Platz stampfen, Pompons still halten	7–8
tut einfach jedem Menschen gut.	Wdh. 1–8	9–16
Begeist'rung … auf dem Sitz.	am Platz springen, die Pompons über dem Kopf bewegen	17–32

Bridge	Pause	**1 x 1–4**
Refrain	s. o. Refrain	**4 x 1–8**
3. Strophe		**4 x 18**
Ein jeder	eine gesprungene halbe Drehung nach hinten	1
freut sich, jeder lacht,	Oberkörper tief beugen, durch die Beine schauen,	2–16
weil das hier gute Laune macht.	mit den Pompons durch die Beine wedeln	
Drum singen … mein Signal.	aufrichten und umdrehen, die Pompons neben den Mund halten und singen	17–32
Bridge	Pause	**1 x 1–4**
2 x Refrain	s. o. Refrain	**8 x 1–8**
Bridge	Pause	**1 x 1–8**
2 x Refrain	s. o. Refrain	**8 x 1–8**
Schluss	Pause	**1 x 1–8**

Didaktische Tipps

Im Grunde genommen ist keine der Bewegungen für die Kinder wirklich schwierig.

* Damit die unterschiedlichen Bewegungsabläufe der Strophen jedoch mehrfach hintereinander geübt werden können, geben **die Tracks 9–11** die Strophen 1–3 wieder.
* **Track 12** spielt den Refrain.

Dresscodetipp für eine Aufführung

Fröhliche Kleidung in zwei bis maximal drei zuvor abgesprochenen Farben.

Tanzbeschreibung II

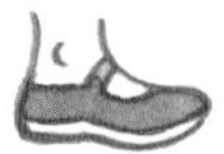

Material: 1 kleines, weiches Kissen für jedes Kind
Aufstellung: ein Innen- und ein Außenkreis, jedes Kind sitzt auf seinem Kissen, die Beine sind angewinkelt, die Füße stehen nebeneinander, der Innenkreis blickt nach außen, der Außenkreis nach innen.

Intro		**4 x 1–8**
	Fußspitzen im Wechsel auf den Boden tippen	1–16
	aufstehen, jedes Kind steht hinter seinem Kissen, je ein Kind des Außenkreises steht einem Kind des Innenkreises gegenüber	17–28
	jedes Kind hebt sein Kissen auf und hält es in Brusthöhe	29–32
Refrain		**4 x 1–8**
Das ist der	das Kissen mit beiden Händen nach diagonal links oben heben, dabei den rechten Fuß nach rechts tippen;	1–2
super Gute-	das Kissen wieder an die Brust ziehen, dabei den rechten Fuß zurückstellen;	3–4
Laune-Song,	die gleiche Bewegung in die jeweils andere Richtung ausführen	5–8
das beste Lied der Welt.	Wiederholung der Bewegung	9–16
Der super dooper Gute-Laune-Song, der jedem Kind gefällt.	die beiden sich gegenüberstehenden Kinder laufen einmal umeinander herum, ohne ihren Körper dabei zu drehen, d.h. sie gehen erst vorwärts, dann einen Schritt nach rechts, dann rückwärts und einen Schritt nach links	17–32
1. Strophe		**4 x 1–8**
Kein Fuß bleibt stehn ... *... man glaubt es kaum.*	jedes Kind nimmt sein Kissen über den Kopf, dreht sich nach rechts und läuft auf der Kreisbahn vorwärts, dabei die Fersen mit jedem Schritt an den Po anschlagen	1–32
Bridge	beide Kreise drehen sich wieder zueinander	**1–4**
Refrain	s. o. Refrain	**4 x 1–8**

2. Strophe	wie 1. Strophe – dieses Mal hüpfen die Kinder auf der Kreisbahn (Wechselhüpfen)	**4 x 1–8**
Bridge	s. o. Bridge	**1–4**
Refrain	s. o. Refrain	**4 x 1–8**
3. Strophe	wie 1. Strophe – dieses Mal hüpfen die Kinder im Seitgalopp auf der Kreisbahn	**4 x 1–8**
Bridge	s. o. Bridge	**1–4**
2 x Refrain	s. o. Refrain	**8 x 1–8**
Bridge	s. o. Bridge, warten	**1–8**
2 x Refrain	frei durch den Raum hüpfen	**8 x 1–8**
Schluss	jedes Kind setzt sich auf sein Kissen	**1–8**

Tanzbeschreibung III

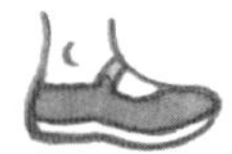

Material: für jedes Kind 2 Cheerleader-Pompons
Aufstellung: ca. 6 Kinder stehen hintereinander in einer Reihe

Intro	warten	1 x 1–4 + 4 x 1–8
Refrain *Das ist der ... jedem Kind gefällt.*	vorwärts laufen, die Fersen an den Po schlagen, dabei die Arme im Wechsel hoch und tief bewegen, am Ende stehen bleiben	**4 x 1–8** 1–32
1. Strophe *Kein Fuß bleibt stehn, keine Hand steht still,* *weil alles sich bewegen will.*	16 Schritte vorwärts gehen, die Pompons vor dem Körper aneinander klatschen	**4 x 1–8** 1–16
Schon tanzen alle durch den Raum, so schnell kann's gehn, man glaubt es kaum.	4 x die Arme gleichzeitig nach oben und unten strecken	17–32
Bridge	jedes Kind macht eine andere Pose	**1–4**

Tanzspiel

Material: Rasseln

Aufstellung: Die Kinder stehen sich paarweise gegenüber, jeweils in der linken Hand halten sie eine Rassel.

- Während des **Refrains** haken sich die Kinder mit den rechten Armen ein und drehen sich hüpfend umeinander.
- Während der **Strophen** tanzt jedes Kind mit seiner Rassel alleine frei durch den Raum und sucht sich am Ende einen neuen Partner.

Das Lied vom Glück

*Ich wünsch dir ein riesengroßes Stück
vom feingesiebten, allerschönsten Glück.
Ich wünsch dir einen wundervollen Tag,
an dem einfach alles dir gelingen mag.*

Manche Menschen glauben, dass man viel Glück hat
mit einem vierblättrigen Glückskleeblatt.
Wenn man den Schornsteinfeger sieht,
'ne bunte Katze an dir vorüberzieht.

Ich wünsch dir ein riesengroßes Stück …

Als Glückstier gilt allgemein das Schwein
und auch Daumen drücken muss sein.
Die Glückszahl in China, das ist die Acht,
auch Scherben hab'n schon vielen Glück gebracht.

Ich wünsch dir ein riesengroßes Stück …

Klopf auf Holz, das ruft Glück herbei.
Auch Sternschnuppen helfen dir dabei.
Selbst, wenn das alles nur Aberglauben ist,
wichtig ist, dass dich das Glück nicht vergisst.

Ich wünsch dir ein riesengroßes Stück … (2 x)

Tanzbeschreibung | für Minis bis Maxis 

Material: selbst gebastelte Glücks- und Rhythmikbandstäbe (s. Anleitung S. 20)
Vorbereitung: im vorderen Drittel des Raumes Teppichfliesen für die Minis auslegen und evtl. für die Maxis zur Orientierung kleine Punkte auf den Boden kleben, z. B. mit Gefrieretiketten oder Malerkrepp, damit sie ihren Aufstellplatz im Kreis leichter finden
Aufstellung: die Kinder stehen verteilt in den vier Raumecken

Intro	alle Kinder tanzen sich drehend in den Raum hinein, die größeren (Maxis) bilden in der Mitte des Raumes einen Außenstirnkreis, jedes Krippenkind (Mini) stellt sich auf eine Teppichfliese	**24 x 1–3** 1–72
Refrain *Ich wünsch dir ein riesengroßes Stück vom feingesiebten, allerschönsten Glück. Ich wünsch dir einen wundervollen Tag, an dem einfach alles dir gelingen mag.*	die Minis drehen sich am Platz und halten dabei ihre Glücksstäbe nach oben, am Ende knien sie sich auf ihre Fliese; die Maxis schwingen in Kopfhöhe ihren Rhythmikbandstab von rechts nach links	**16 x 1–3** 1–48
1. Strophe *Manche Menschen glauben, dass man viel Glück hat …'ne bunte Katze an ihm vorüberzieht.*	die Maxis machen 1/4 Drehung nach links und gehen im Walzerschritt (s. u. Didaktische Tipps) auf der Kreisbahn vorwärts, dabei schwingen sie ihren Stab von hinten nach vorne und zurück, am Ende drehen sie sich zurück in die Ausgangsposition	**16 x 1–3** 1–48
Refrain	die Minis stehen auf, s. o. Refrain	**16 x 1–3**
2. Strophe	wie 1. Strophe	**16 x 1–3**
Refrain	die Minis stehen auf, s. o. Refrain	**16 x 1–3**
Instrumentalteil	die Maxis gehen zu den Minis, reichen sich die Hände und bilden kleine Kreise, die sich im Kreis drehen.	**17 x 1–3** 1–51

Refrain		16 x 1–3
	die Maxis tanzen auf ihre Ausgangsposition zurück, die Minis drehen sich weiter alleine im Kreis	1–48
3. Strophe	wie 1. Strophe	16 x 1–3
2 x Refrain	alle Kinder tanzen frei durch den Raum	32 x 1–3

Didaktische Tipps

Der Walzerschritt besteht im Grunde genommen aus drei Schritten. Bei diesem Tanz ist es egal, mit welchem Fuß jedes Kind beginnt. Der Einfachheit halber sei der Schritt hier mit rechts beginnend erklärt. Der erste Schritt wird im Knie abgesenkt. Die beiden nächsten Schritte erfolgen im Zehenballenstand. Mit dem zweiten Schritt schließt in unserem Fall der linke Fuß zu dem rechten auf. Der dritte Schritt erfolgt wieder mit rechts. Er wird mehr oder weniger am Platz ausgeführt. Die Erfahrung zeigt jedoch, dass es für Kinder einfacher ist, wenn sie dabei einen kleinen Schritt nach vorne gehen. Nun beginnt links mit einem tiefen Schritt, an den sich wieder zwei Zehenballenschritte anhängen.

* **Track 13** spielt 12 x eine Instrumentalversion der Strophe, so dass Sie die Kinder zu Beginn hierzu einfach spielerisch durch den Raum schreiten lassen können.

* Sie können auch **Track 14**, die Instrumentalversion des Liedes, zum Üben nutzen. Hierbei sollten die Kinder während der Melodie
  * des Refrains stehen bleiben
  * der Strophen sich durch den Raum bewegen, so dass sie gleich die Liedstruktur erfassen können.

* Dieser **Track 14** kann auch zum Üben mit den Minis genutzt werden. Hierzu bilden Sie mit den Kindern einen Kreis. Während der Strophen gehen alle in die Hocke. Sobald der Refrain ertönt, stehen alle auf und drehen sich um die eigene Achse.

Dresscodetipps für eine Aufführung

Die Mädchen tragen Röcke und T-Shirts (einfarbig und in der gleichen Farbe). Die Jungs tragen Jeans und ebenfalls gleichfarbige T-Shirts. Dabei kann sowohl die gleiche Farbe der Mädchen gewählt werden als auch bewusst eine passende zweite Farbe ausgesucht werden.

Weitere Tipps für eine Aufführung

Sammeln Sie zuvor mit den Kindern draußen Steine und verwandeln Sie diese mit Farben und Glitzerpulver in richtige Glückssteine. Diese können die Kinder dann am Ende des Liedes an ihr Publikum verschenken. In diesem Fall bringt jedes Kind seinen Stein mit in den Raum und legt diesen in den Kreis hinein. Es macht nichts, dass sich jedes Kind im Laufe des Liedes von seinem Stein entfernt, denn am Ende des Liedes tanzen die Kinder frei und hier ist genug Zeit, dass jedes Kind zu seinem Stein tanzt, diesen wieder aufhebt und etwas Glück verschenkt.

Die Requisiten

Glücksstäbe

Material: Tonkarton (grün, rosa, schwarz, gold), Stäbe (Laternenstab, Eisstiele, Schaschlikspieße ohne Spitze, gerollte Pappe, o. Ä.), (Heiß-) Kleber oder Klebeband, evtl. Laminiergerät

Glücksstäbe sind sehr schnell selbst hergestellt. Dafür einfach aus entsprechend farbigem Tonkarton verschiedene Glückssymbole wie vierblättrige Kleeblätter, Schornsteinfeger, schwarze Katzen, Golddukaten, Schweine usw. in passender Größe ausschneiden und mit einer Heißklebepistole oder etwas starkem Klebeband an einen schmalen Holzstab kleben. Hierfür eignen sich beispielsweise Stiele vom Eis, aber auch abgerundete Schaschlikspieße oder einfach aufgerolltes Papier.
Tipp: Die Glückssymbole bleiben länger schön, wenn sie zuvor laminiert worden sind.

Rhythmikbänder

Material: Band (Krepppapierstreifen, Geschenkband, Satinband, Alufolie), Holzstab, Kleber

Auch Rhythmikbänder sind schnell selbst hergestellt. Hierfür werden einfach schmale Streifen aus Krepppapier oder Geschenkband an einem kleinen Holzstab befestigt.

Tanzbeschreibung II

Material: 1 weiche Feder für jedes Kind
Aufstellung: Innenstirnkreis, nicht gefasst, die Feder befindet sich in der rechten Hand

Intro	warten	24 x 1–3
Refrain *Ich wünsch dir ein riesengroßes Stück vom feingesiebten allerschönsten Glück.*	Füße stehen in Schulterlinie, Gewicht von einem auf den anderen Fuß verlagern, die Arme sind in Schulterhöhe ausgestreckt, den rechten Arm dabei über den Kopf heben (bei Gewichtsbelastung links) und wieder auf Schulterhöhe absenken (bei Gewichtsbelastung rechts)	**16 x 1–3** 1–24
Ich wünsch dir einen wundervollen Tag, an dem … gelingen mag.	mit ausgetreckten Armen sich um die eigene Achse drehen	25–48
1. Strophe *Manche Menschen … Glück hat* *mit einem … Glückskleeblatt.* *Oder... Schornsteinfeger sieht,* *'ne bunte … vorüber zieht.*	mit 12 kleinen Schritten in die Mitte tippeln die Feder auf dem Arm tanzen lassen mit 12 Schritten aus der Mitte tippeln die Feder auf den Füße tanzen lassen	**16 x 1–3** 1–12 13–24 25–36 37–48
Refrain	s. o. Refrain	**16 x 1–3**
2. Strophe	**wie 1. Strophe**	**16 x 1–3**
Refrain	s. o. Refrain	**16 x 1–3**
Instrumentalteil/Solo	beide Handaußenkanten zusammenlegen, Feder auf die Handteller legen und sich am Platz um die eigene Achse drehen	**17 x 1–3** 1–51
Refrain	s. o. Refrain	**16 x 1–3**
3. Strophe	**wie 1. Strophe**	**16 x 1–3**
2 x Refrain	s. o. Refrain	**32 x 1–3**

Tanzbeschreibung III

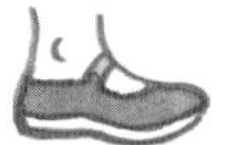

Material: für jede Hand 1 Glöckchensäckchen (kleiner Organzabeutel, in dem sich eine Schelle befindet)
Aufstellung: Innentirnkreis, alle Kinder sitzen in der Hocke, dabei stützen sie sich mit beiden Fäusten (darin liegen die Glöckchen versteckt) am Boden ab

Intro	langsames Aufrollen bis zum Stand, Füße bleiben geschlossen	**24 x 1–3** 1–72
Refrain		**6 x 1–3**
Ich wünsch dir ein riesengroßes Stück	beide Fäuste liegen auf dem Brustbein	1–6
	beide Arme nach vorne strecken, Handflächen zeigen nach oben und halten	7–12
vom feingesiebten allerschönsten	beide Arme zu den Seiten öffnen, dabei mit den Glöckchen klingeln	13–24
Glück.	beide Arme fließend nach unten führen, Hände zurück aufs Brustbein legen, die Glöckchen sind wieder in der Faust versteckt	25–31
Ich wünsch dir einen wundervollen Tag,	beide Arme nach vorne strecken, Handflächen zeigen nach oben und halten	32–36
an dem einfach alles dir gelingen mag.	auf den Zehenballenstand gehen und sich um die eigene Achse drehen, dabei werden die Arme gestreckt über vorne zur Seite geführt	37–48
1. Strophe		**16 x1–3**
Manche	einen Schritt mit rechts vorwärts	1
Men-	linkes Bein schließt an rechts ran	2
schen	Glöckchen 1x klingeln lassen	3
glau-	einen Schritt mit rechts rückwärts	4
ben,	linkes Bein schließt an	5
-	Glöckchen 1x klingeln lassen	6
dass man … ihm vorüberzieht.	Wiederholung	7–48
Refrain	siehe Refrain	**16 x 1–3**
2. Strophe	wie 1. Strophe 1, anstatt nach vorne gehen die Kinder jetzt jedoch einen Schritt nach rechts	**16 x 1–3** 1–48

Refrain	s. o. Refrain	**16 x 1–3**
Instrumentalteil/Solo		**17 x 1–3**
	Füße sind geschlossen, beide Arme schwingen zur rechten Seite	1–3
	Arme schwingen über unten zur linken Seite	4–6
	beide Arme machen 1½ Armkreise (über unten nach oben bis beide Arme auf der rechten Seite sind)	7–12
	Wiederholung 1–12, dieses Mal zur rechten Seite beginnen	13–24
	Wiederholung 1–24	25–48
	beide Hände am Brustbein wieder zur Faust	49–51
Refrain	s. o. Refrain	**16 x 1–3**
3. Strophe	wie 1. Strophe	**16 x 1–3**
Refrain (2 x)	s. o. Refrain	**32 x 1–3**

Didaktische Tipps

✿ **Track 13** spielt 12 x eine Instrumentalversion der Strophe, so dass Sie mit den Kindern den Bewegungsablauf zu jeder Strophe separat üben können. Bevor Sie mit den Kindern die Schritte machen, üben Sie nur das Klingeln mit den Glöckchensäckchen auf die Zählzeit drei. Sie sprechen zur Instrumentalversion: *1, 2, Kling.*

Als nächstes sprechen Sie: *Schritt, Schritt Kling.* Und beginnen erst danach mit der jeweiligen Schrittabfolge.

Dresscodetipps für eine Aufführung

Mädchen und Jungs tragen gelbe T-Shirts und dazu blaue Jeans.

Tanzbeschreibung IV

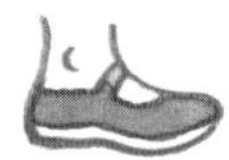

Material: 1 Schwungtuch
Aufstellung: Das Schwungtuch liegt ausgebreitet auf dem Boden, die Kinder sitzen im Päckchensitz drum herum.

Intro		**24 x 1–3**
	langsam stehen die Kinder nacheinander auf und nehmen das Schwungtuch in die Hände, dabei verlagern sie ihr Gewicht im Takt von einem Fuß auf den anderen	1–72
Refrain		**16 x 1–3**
	das Schwungtuch hoch und tief schwingen	1–48
1. Strophe		**16 x 1–3**
	das Schwungtuch mit der linken Hand fassen und auf der Kreisbahn vorwärts gehen	1–48
Refrain	siehe Refrain	**16 x 1–3**
2. Strophe	wie 1. Strophe	**16 x 1–3**
Refrain	s. o. Refrain	**16 x 1–3**
Instrumentalteil	das Schwungtuch in den Händen rechts herum weitergeben	**17 x 1–3** 1–51
Refrain	s. o. Refrain	**16 x 1–3**
3. Strophe	wie 1. Strophe	**16 x 1–3**
2 x Refrain	s. o. Refrain	**32 x 1–3**

Tanzspiel I zur Instrumentalversion des Liedes  14

Material: 1 Glückssymbol (z. B. Glücksstein, schöne Feder o. Ä.)
Aufstellung: im Sitzkreis

Ein Kind erhält das Glückssymbol und schreitet damit durch den Kreis. Schließlich schenkt es das Symbol einem anderen Kind, das nun seinerseits durch den Kreis geht. Das erste Kind nimmt den frei gewordenen Platz ein.

Tanzspiel II

Material: Reifen für ca. 1/3 der Kinder und Glückssymbole (s. S. 20) für ca. 2/3 der Kinder
Vorbereitung: Die Reifen im Kreis auslegen und die Glückssymbole an die Kinder verteilen.
Aufstellung: Die Kinder, die kein Glückssymbol bekommen haben, verteilen sich auf die Reifen. Alle anderen Kinder stehen frei im Raum.

- Während des **Refrains** dürfen sich nur die Kinder mit Glückssymbolen durch den Raum bewegen, mit dem Ziel, ihr Glückssymbol großzügig an ein Kind in einem Reifen weiterzugeben. Sie selbst übernehmen die Position im Reifen. – Aber ganz bestimmt erhalten sie sehr schnell neues Glück zurück.
- Während der **Strophen** dürfen nur die Reifenkinder durch den Raum zu einem anderen Reifen schreiten.
- Erklingt der **Instrumentalteil**, drehen sich alle Kinder am Platz um die eigene Achse.

Der Auto-Techno-Rap

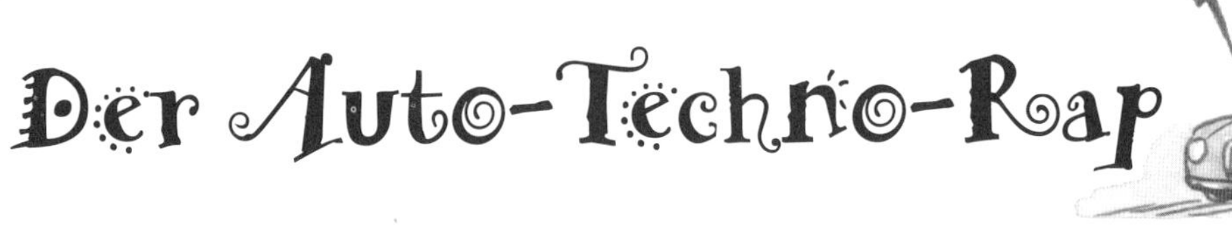

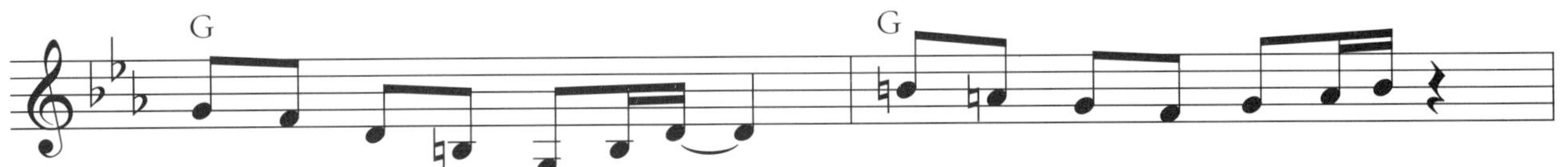

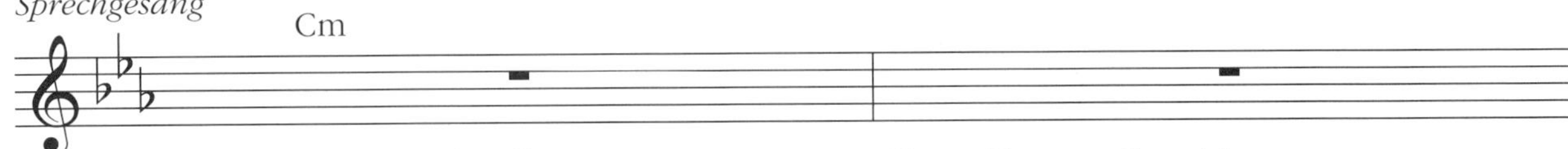

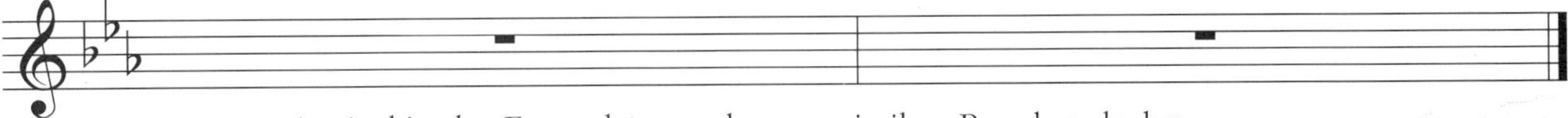

Autos gibt's in vielen Formen,
Größen, Farben, Klassen, Normen.
Je nachdem wozu sie dienen,
nimmt man Busse oder Limousinen,
Einsatzwagen, PKW,
Kleintransporter, LKW.

Die allerschnellsten Rennsportwagen,
die an Tempo alle schlagen,
sie sind in der Formel 1 zu sehn,
wo sie ihre Runden drehn.

Autos gibt's in vielen Formen …

Polizisten, die Verbrecher jagen,
auch Feuerwehr und Notarztwagen
fahrn mit Blaulicht auf dem Dach
und ihr Tatütata macht Krach.

Autos gibt's in vielen Formen …

Auf Baustellen im ganzen Land
gehn Bagger, Kipper stets zur Hand.
Mit unermüdlich großer Kraft
wird in kurzer Zeit viel geschafft.

Autos gibt's in vielen Formen …

Der Traktor steht allzeit bereit
für des Bauern Feldarbeit.
Auch den Drescher wird er gern nutzen,
denn er ist von großem Nutzen.

Autos gibt's in vielen Formen …

In der kalten, kalten Jahreszeit,
wenn es draußen friert und schneit,
da ist die Stadtverwaltung klug
und fährt den LKW mit Winterpflug.

Autos gibt's in vielen Formen …

Tanzbeschreibung | für Vorschulkinder 

Material: Springseile
Aufstellung: Blockaufstellung mit großem Abstand zwischen den Kindern
Jedes Kind hält in einer Hand ein Ende seines Springseils. Die Arme hängen nach unten, sind dabei aber geöffnet. Der linke Fuß steht auf dem Seil, der rechte Fuß dahinter.

Intro	warten	1 x 1–8
Refrain		**3 x 1–8**
Autos	rechte Fußspitze tippt vor das Seil	1
gibt's in	rechte Fußspitze tippt hinter das Seil	2
vielen Formen,	Wiederholung	3–4
Größen, Farben, Klassen, Normen.	in 4 Schritten am Platz 1 x um die eigene Achse drehen, der rechte Fuß geht dabei bei dem ersten Schritt über das Seil drüber, dabei beide Seilenden hinter dem Rücken in eine Hand nehmen, die Hände vor den Körper nehmen, das zweite Seilende in die andere Hand nehmen (das Seil ist nun halbiert)	5–8
Je nachdem wozu sie dienen,	4 Schritte nach vorne gehen, das Seil über dem Kopf waagerecht strecken	9–12
nimmt man Busse oder Limousinen,	4 Schritte rückwärtsgehen, dabei beide Hände nebeneinander in Hüfthöhe halten	13–16
Einsatz-	rechte Hand nach diagonal rechts oben strecken, linke Hand nach links unten strecken	17
wagen,	beide Hände wieder zusammenführen	18
PK-	linke Hand nach diagonal links oben und rechte Hand nach rechts unten strecken	19
W,	beide Hände wieder zusammenführen	20
Kleintransporter, LKW.	Wiederholung 17–20	21–24

1. Strophe *Die allerschnellsten Rennsportwagen,* *die an Tempo alle schlagen,*	eine Hand in Brusthöhe nehmen, so dass sich das Seil locker senkrecht zum Körper befindet, die Handgelenke so bewegen, dass sich das Seil um sich selbst dreht	**2 x 1–8** 1–8
sie sind in der Formel 1 zu sehn, *wo sie ihre Runden drehn.*	das Seil in die Ausgangsposition zurückbringen	9–16
Refrain	s.o. Refrain	**3 x 1–8**
2. Strophe	wie 1. Strophe; alternativ kann das Seil auch in Brusthöhe waagerecht gehalten und um sich selbst gedreht werden	**2 x 1–8** 1–16
Refrain	s.o. Refrain	**3 x 1–8**
3. Strophe	wie 1. Strophe; alternativ kann das Seil auch unten und in der Mitte gefasst werden – das zwischen den Händen liegende Seil befindet sich senkrecht zum Körper, der obere Arm ist über den Kopf gestreckt, nun kann das obere Ende des Seils wie ein Lasso geschwungen werden	**2 x 1–8** 1–16
Refrain	s.o. Refrain	**3 x 1–8**
4. Strophe	wie 1. Strophe	**2 x 1–8**
Refrain	s.o. Refrain	**3 x 1–8**
5. Strophe	wie 2. Strophe	**2 x 1–8**
Refrain	s.o. Refrain	**3 x 1–8**
Schluss	jedes Kind läuft in eine Raumecke seiner Wahl	**3 x 1–8** + 1–4

Didaktische Tipps

Die größte Herausforderung der Choreografie liegt gleich zu Beginn des Refrains in dessen zweiter Zeile („Größen, Farben, Klassen, Normen."). Hier drehen sich die Kinder in vier Schritten um die eigene Achse: Der rechte Fuß setzt über das Seil, wie bereits bei den vorherigen Taps, der linke Fuß folgt, so dass sich das Seil nun hinter dem Körper der Kinder befindet.

Nun müssen die Kleinen hinter dem Rücken ihre beiden Seilenden in eine Hand nehmen, das Seil dann vor den Körper nehmen und mit der zweiten Hand das neue Seilende greifen. In der Regel können die Kinder dies recht schnell umsetzen, wenn sie die Bewegung ein paar Mal trocken geübt haben.

Lassen Sie sie dafür das Seil ganz normal hinter dem Rücken halten, so wie die Kinder es vom Seilspringen her kennen. Nun sollen sie zunächst das Seil so schnell wie möglich hinter dem Rücken in eine Hand nehmen und vor dem Körper zeigen.

In einem zweiten Schritt sollen sie nun das neue Seilende vor dem Körper mit ihrer noch freien Hand greifen. Jetzt kommt die Drehung um die eigene Achse hinzu.

Anschließend stellen sich die Kinder in der Ausgangsposition auf und proben die vier Taps mit der sich anschließenden Drehung.

Hierfür kann **Track 15** verwendet werden, der den Beat des Refrains wiedergibt. Hiermit können Sie natürlich auch die restlichen Bewegungen des Refrains üben.

Dresscodetipps

Die Kinder tragen eine schwarze Gymnastikhose oder schwarze Jeans (für die Jungs) sowie ein unifarbenes T-Shirt.

Tanzbeschreibung II

Material: im Liedtext genannte Spielzeugautos
Vorbereitung: Jedes Kind erhält ein Auto.
Aufstellung: Innenstirnkreis, Hände sind nicht gefasst

Intro	warten	1–4
Refrain		**3 x 1–8**
Autos gibt's … Normen.	8 Seitnachstellschritte nach rechts*	1–8
Je nachdem … Limousinen,	8 Seitnachstellschritte nach links*	9–16
Einsatzwagen, PKW,	sich 1x um die eigene Achse drehen, dabei eine Hand nach vorne ausstrecken, Oberarm liegt am Körper an, das Spielzeugauto balanciert auf der Hand	17–24
Kleintransporter, LKW.		
Strophen		**2 x 1–8**
	alle Kinder bleiben stehen und wippen am Platz, während die Kinder, die ein besungenes Fahrzeug in Händen halten, außen um den Kreis herumlaufen	1–16

*Alternativ können die Kinder im Vorschulalter auch Kreuzschritte einsetzen.

Tanzbeschreibung III für die Minis

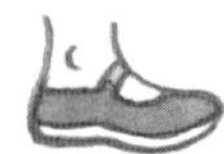

Material: für jedes zweite Kind 1 kleines Spielauto
Aufstellung: im Stuhlkreis sitzend

Während die Kinder zu dem Refrain die Autos im Kreis von Hand zu Hand weitergeben, stehen sie zu den Strophen auf, laufen 2 x um den eigenen Stuhl herum und setzen sich dann wieder auf ihren Platz.

Tanzbeschreibung IV

Material: evtl. Turnmatte
Aufstellung: Blockaufstellung, Daumen im Hosenbund

Intro	mit dem rechten Fuß wippen	1–4
Refrain		**3 x 1–8**
Autos gibt's in vielen Formen,	4 Schritte vor gehen, rechts beginnt	1–4
Größen,	rechte Fußspitze tippt vor dem Körper	5
Farben,	rechte Fußspitze tippt hinter dem Körper	6
Klassen,	rechte Fußspitze tippt nach rechts	7
Normen.	rechten Fuß neben den linken stellen	8
Je nachdem wozu sie dienen,	4 Schritte rückwärts, rechts beginnt	9–12
nimmt man Busse oder Limousinen,	Wiederholung der Taps, siehe 5–8	13–16
Einsatz-	mit rechts einen Schritt nach rechts	17
wagen,	linken Fuß neben den rechten stellen	18
PK-	mit rechts einen Schritt nach rechts	19
W,	linken Fuß neben den rechten tippen	20
Kleintransporter, LKW.	Bewegung 17–20 nach links	21–24

Strophen		2 x 1–8
	ein oder mehrere Kinder treten nach vorne und zeigen ihr Kunststück*, am Ende treten sie in die Reihe zurück; alle anderen Kinder klatschen in die Hände	1–16

* Während der Strophen kann immer ein Kind (oder auch mehrere gemeinsam) nach vorne treten und ein Solo aufführen, dies könnte zum Beispiel sein:

- Seilspringen
- 1 Purzelbaum schlagen (bitte in diesem Fall eine Matte auslegen)
- eine Hand auf den Boden aufstützen und mit den Füßen um die so geschaffene Achse herumlaufen
- Hände hinter dem Po aufsetzen, Beine anziehen, Po vom Boden heben, mit den Füßen am Platz gehen

Alternativ können die Kinder auch in zwei Gruppen eingeteilt werden. In diesem Fall tanzt die eine Gruppe den Refrain, während die Kinder der zweiten Gruppe am Rand auf ihren Einsatz wartet und nur zu den Strophen tanzt.

Didaktische Tipps

Alle Schritte sind für die Kinder sehr leicht umsetzbar. Die Schwierigkeit besteht eher in dem Tempo, das für die Kleinen recht langsam ist. Durch ihren schnelleren Herzschlag fällt ihnen die Umsetzung eines schnelleren Grundschlags in der Regel einfacher.

❀ **Track 15** gibt den Beat des Refrains wieder, so dass Sie die Kinder hierzu anfangs einfach durch den Raum schreiten lassen können. Wechseln Sie dabei ruhig einmal die Bewegungsrichtung (vorwärts, rückwärts, rechts, links).

Auch mit Schrittarten können Sie spielen (gehen, am Platz tippen, Überkreuzschritte etc.).

Dresscodetipps

Street Look und Baseballkappe

Hereinspaziert!

Wir sind zuhaus im Zirkuszelt,
die Zirkusluft ist unsre Welt.
Hereinspaziert! Hereinspaziert!
Die Zirkusshow geht los.
Wir sind zuhaus im Zirkuszelt,
die Zirkusluft ist unsre Welt.
Hereinspaziert! Hereinspaziert!
Die Show, die wird grandios.

Der Rektor kündigt alle an,
wünscht Applaus für jedermann.
Dazu spielt unsre Zirkusband,
viele Hits, die jeder kennt.

Wir sind zuhaus im Zirkuszelt …

Geschickt hantieren die Jongleure,
mutig sind auch die Dompteure,
mit Löwen, Tiger, Elefanten,
Affen sind die Komödianten.

Wir sind zuhaus im Zirkuszelt …

Akrobaten, Seilartisten
und Entfesslungsspezialisten,
tolle Nummern Tag für Tag
sorgen so für Schnellherzschlag.

Wir sind zuhaus im Zirkuszelt …

Messerwerfer, Schulterreiter
Feuerschlucker auf der Leiter.
Auch der Clown feixt gern und rege
durch die Zirkuszeltmanege.

Wir sind zuhaus im Zirkuszelt …

Tanzbeschreibung für Minis bis Maxis

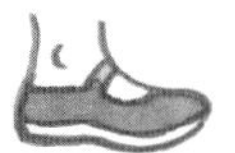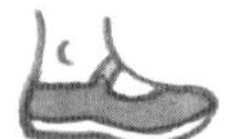

Material: Fächer, Regenschirm, Jonglierbälle, kleine Bälle, Seile etc.
Vorbereitung: jedes Kind erhält eine Rolle und ggf. ein Material
Aufstellung: in einer Reihe hintereinander, in einer Raumecke

Intro	warten	5 x 1–4
Refrain *Wir sind zu Haus im Zirkuszelt,* *…* *Die Show die wird grandios.*	Die Kinder marschieren in den Raum ein. Die linke Hand ist in der Hüfte eingestützt. Der rechte Arm winkt im Takt. Am Ende stehen alle in einem Innenstirnkreis	**4 x 1–8** 1–32
1. Strophe *Der Rek-* *tor kün-* *digt alle an, … Zirkusband,* *viele Hits,* *die jeder kennt.*	Die **Kreiskinder** tippen ihren linken Fuß diagonal über den rechten und stellen ihn zurück, freie Hände sind eingestützt Wiederholung mit dem rechten Fuß nach links 6 x Wiederholung dieser Taps 1–4 Arme lang über den Kopf heben und mit zappelnden Fingern in die Hocke gehen, Arme dabei runter nehmen Der ‚**Rektor**‘ und die ‚**Musiker**‘ treten in die Kreismitte und imitieren diese mit entsprechender Gestik	**4 x 1–8** 1–2 3–4 5–28 29–30 31–32 1–32
Bridge 	**Kreiskinder** stehen auf, gehen vorwärts in die Mitte, ‚**Rektor**‘ und ‚**Musiker**‘ kehren dabei in den Kreis zurück alle Kinder gehen rückwärts aus der Kreismitte heraus 1/4 Drehung nach rechts	**2 x 1–8** **+ 1 x 1–4** 1–8 9–16 + 1–4
Refrain	vorwärts im Kreis marschieren, Handhaltung s.o. Refrain	**4 x 1–8**

2. Strophe *Geschickt hantieren die Jongleure,* *mutig sind auch die Dompteure,* *mit Löwen, Tiger, Elefanten,* *Affen sind die Komödianten.*	**Kreiskinder:** wie 1. Strophe in der Mitte treten auf: **‚Jongleure'** werfen ihren Jonglierball in die Luft und fangen ihn wieder auf, ein **Dompteur** mit Stab lässt seine **‚Tiere'**, die im Vierfüßlerstand laufen, Männchen machen, ein anderer hält einen Reifen senkrecht und lässt die Tiere hindurch springen	**4 x 1–8** 1–32 1–32
Bridge	s. o. Bridge	**2 x 1–8** **+ 1–4**
Refrain	s.o. Refrain	**4 x 1–8**
3. Strophe *Akrobaten, Seilartisten* *und Entfesslungsspezialisten* *mit tollen Nummern Tag für Tag,* *sorgen so für Schnellherzschlag*	**Kreiskinder:** wie 1. Strophe Die **Seilartisten** balancieren mit Regenschirm und Fächern über Seile, **Akrobaten** stehen auf einem Bein, machen eine Kerze, führen einen Ball um Bauch und Rücken …, zwei **‚Entfesslungsspezialisten'** halten jeweils ein Seilende und drehen sich ein und wieder aus	**4 x 1–8** 1–32 1–32
Bridge	s. o. Bridge	**2 x 1–8** **+ 1–4**
Refrain	s. o. Refrain	**4 x 1–8**
4. Strophe *Messerwerfer, Schulterreiter* *Feuerschlucker auf der Leiter.* *Auch der Clown feixt gern und rege* *durch die Zirkuszeltmanege.*	**Kreiskinder:** wie 1. Strophe ein großes Kind nimmt ein kleineres Huckepack, 1 Kind kann sich mit einer Taschenlampe in den Mund leuchten, ein Clown stolpert durch die Mitte …	**4 x 1–8** 1–32 1–32
Bridge	s. o. Bridge	**2 x 1–8** **+ 1–4**
Refrain (2 x)	s.o. Refrain Richtungswechsel	**8 x 1–8** 1–32 33–64

Dresscodetipps für eine Aufführung

Die Kinder verwandeln sich in Clowns, Seilartisten, Ballerinen, Zirkusdirektor usw. Ganz bestimmt findet sich hier etwas für jeden in den unterschiedlichen Verkleidungskisten der Kinder.

Tanzspiel

Jedes Kind sucht sich einen Partner. Gemeinsam marschieren die Kinder während des **Refrains** durch den Raum. Dabei sind ihre äußeren Hände in der Hüfte eingestützt. Hören sie die **Strophenmelodie**, reichen sie sich beide Hände und drehen sich gemeinsam um die eigene Achse: 2x in die eine Richtung, dann 2x in die andere.

Während der **instrumentalen Wiederholung** der **Strophe**, schreitet jedes Kind durch den Raum und sucht sich einen neuen Partner.

Es tanzen bunte Luftballons  5

*Es tanzen bunte Luftballons
am Himmel herum.
Es tanzen bunte Luftballons
immer rundherum.*

Getragen vom leichten Wind
erfreut sich unten jedes Kind.
Bunte Farben schweben dort
und fliegen gleich weiter fort.
Sieh mal dort!

Es tanzen bunte Luftballons …

Ein Luftballon ist hellblau,
bleib doch mal stehn und schau.
Er sitzt auf 'ner Wolke drauf,
ruht sich aus, steigt dann auf.
Weiter auf!

Es tanzen bunte Luftballons …

Zwei Luftballons an einem Band
fliegen wie Hand in Hand.
Schaun die Welt von oben an,
lachen und winken dir dann.
Schau's dir an!

Es tanzen bunte Luftballons …

Getragen vom leichten Wind,
erfreut sich unten jedes Kind.
Bunte Farben schweben dort
und fliegen gleich weiter fort.
Sieh mal dort!

Tanzbeschreibung

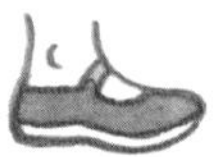

Material: Luftballons in verschiedenen Farben
Vorbereitung: Jedes Kind erhält einen Luftballon.
Aufstellung: Blockaufstellung auf Lücke, wenn die Kinder ihre Arme seitlich ausstrecken, sollten sie sich nicht berühren. Die Kinder sitzen in der Hocke, sie halten den Luftballon während des gesamten Tanzes mit beiden Händen fest.

Intro	warten	**2 x 1–3**
	am Platz schaukeln (von einem Fuß auf den anderen)	**+ 16 x 1–3**
		1–48
Refrain		**8 x 1–3**
Es tanzen bunte Luftballons ... immer rundherum.	die Kinder drehen sich um die eigene Achse, heben den Luftballon hoch über den Kopf und schauen ihn dabei an	1–24
1. Strophe		**11 x 1–3**
Getragen vom	rechten Fuß mit einem großen Schritt zur rechten Seite stellen, dabei den Luftballon nach rechts in einem Halbkreis zu den Beinen führen	1–3
leichten Wind	linken Fuß neben den Rechten stellen, dabei den Luftballon nach links in einem Halbkreis nach oben führen	4–6
erfreut sich	Wiederholung 1–3	7–9
unten jedes Kind.	linken Fuß an den rechten heranziehen ohne Gewichtsverlagerung, Luftballon wie in 4–6 nach oben führen	10–12
Bunte Farben schweben dort und fliegen gleich weiter fort.	Wiederholung der gesamten Bewegung nach links	13–24
Sieh mal dort!	Luftballon wieder hoch über den Kopf ausstrecken, dabei auf die Zehenspitzen gehen	25–33
Bridge		**8 x 1–3**
	den Luftballon in Bauchhöhe halten und mit Tippelschritten vorwärtsgehen	1–12
	mit Tippelschritten rückwärtsgehen	13–24
Refrain	s. o. Refrain	**8 x 1–3**
2. Strophe	wie 1. Strophe	**11 x 1–3**

Bridge	s. o. Bridge	**8 x 1–3**
Refrain	s. o. Refrain	**8 x 1–3**
3. Strophe	wie 1. Strophe	**11 x 1–3**
Bridge	s. o. Bridge	**8 x 1–3**
Refrain	s. o. Refrain	**8 x 1–3**
Instrumentalteil (Strophe)	Luftballon in die Luft werfen und auffangen	**11 x 1–3** 1–33
Bridge	s. o. Bridge	**8 x 1–3**
Refrain	s. o. Refrain	**8 x 1–3**
4. Strophe	wie 1. Strophe	**11 x 1–3**
Instrumentalteil	mit dem Luftballon frei durch den Raum tanzen	**34 x 1–3** 1–102

Didaktische Tipps

Im Grunde genommen birgt der Tanz keinerlei Schwierigkeiten für die Kinder.

❋ **Mit Track 16** können Sie die Seitnachstellschritte mit dem gleichzeitigen Kreisen des Ballons üben. Die Herausforderung besteht meist darin, beim zweiten Schritt den linken Fuß an den rechten anzustellen, beim vierten Schritt, den Fuß jedoch nur nachzuziehen und dabei kein Gewicht zu verlagern, denn der nächste Schritt erfolgt nach links mit links.

❋ **Track 17** gibt den Instrumentalteil der Strophe wieder. Diesen können Sie beispielsweise verwenden, um mit den Kindern das Hinaufwerfen und Auffangen der Ballons zu üben. Da die Kinder dabei möglichst am Platz stehen bleiben sollen, verwenden Sie Reifen oder Teppichfliesen für die Kinder zur Orientierung. Wer schafft es, seinen Luftballon wieder aufzufangen, ohne über seine Fliese hinauszutreten?

Dresscodetipps für eine Aufführung

Im Mittelpunkt des kleinen Tanzes stehen zweifelsohne die bunten Luftballons, von daher wäre es schön, wenn keine bunte, gemusterte Kleidung der Kinder von ihnen ablenken würde. Einheitlich in Weiß, Schwarz oder Dunkelblau ergibt eine schöne Optik.

Weitere Tipps

Für ganz besondere Anlässe kann der Tanz auch mit gasgefüllten Luftballons aufgeführt werden. Dabei werden die Ballons mit einer weichen Schnur an den Handgelenken der Kinder befestigt. Diese sollte aber nicht länger als 10–15 cm sein. Für eine Aufführung sind auch neonfarbene Luftballons bzw. leuchtende LED-Ballons eine wunderschöne Alternative.

Tanzspiel

Material: Luftballons in verschiedenen Farben

Jedes Kind erhält einen Luftballon. Solange die Musik spielt, tanzt jedes Kind mit seinem Luftballon frei durch den Raum.

- Stoppt die Musik, wird gleichzeitig laut eine Farbe in den Raum gerufen. Diese kann durchaus auch ein Kind aussuchen.

- Während die Musik nun weiterspielt, kommen alle Kinder mit Ballons der genannten Farbe zusammen, halten ihren Luftballon mit beiden Händen in die Höhe und verlagern ihr Gewicht immer von rechts nach links und umgekehrt.

Alle anderen Kinder tanzen weiter frei, bis die Musik das nächste Mal stoppt und eine neue Farbe ausgegeben wird.

Natürlich können auch einmal zwei Farben ausgewählt werden.

Das Lied der Bäume

Bäume, Bäume, Bäume stehn im Wald.
Bäume, Bäume, Bäume sind uralt.
Stehen auch in manchem Park,
sind ganz groß und bärenstark,
wirken kraft- und würdevoll,
friedlich und auch ehrfurchtsvoll.

Bäume, Bäume, Bäume sind ein Symbol.
Bäume, Bäume, Bäume – ein Ruhepol.
Verschwiegen, still, stumm steht er da.
Geheimes hört er Jahr für Jahr.
Doch nichts davon gibt er je preis,
er wiegt sich nur im Wind ganz leis.

Bäume, Bäume, Bäume sind aus Holz.
Bäume, Bäume, Bäume wirken stolz.
Fest verwurzelt im Erdreich
streben sie ganz engelsgleich
in den Himmel hoch hinauf,
strecken die Äste zur Sonne rauf.

Bäume, Bäume, Bäume hab'n einen Stamm.
Bäume, Bäume, Bäume stehen stramm.
Zuverlässig wartet er,
komm und setz dich zu ihm her.
Umarme ihn auch manches Mal,
schenk ihm ein Freundschaftssignal.

Tanzbeschreibung I

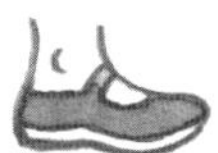

Material: für jedes Kind 1 Chiffontuch

Aufstellung: in der Hocke hintereinander in einem Kreis, Blickrichtung gegen den Uhrzeigersinn, das Tuch befindet sich in der rechten Hand

Intro		**1 x 1–4**
		+ 2 x 1–8
	warten	1–8
	langsam aufstehen	9–16
1. Strophe		**6 x 1–8**
Bäume, Bäume,	mit kleinen Schritten vorwärts tippeln	1–4
Bäume stehn im Wald.	stehenbleiben, dabei den rechten Fuß auf den linken stellen	5–8
Bäume, Bäume, Bäume sind uralt.	Wiederholung der Bewegung 1–8	9–16
Stehen auch in manchem Park,	2 Seitnachstellschritte nach links in die Kreismitte, dabei das Tuch vor dem Körper groß nach links kreisen lassen	17–24
sind ganz groß und bärenstark.	Wiederholung der Bewegung 17–24 nach rechts	25–32
Wirken kraft- und würdevoll, friedlich und auch ehrfurchtsvoll.	Tuch am Platz in die Luft werfen und wieder auffangen	33–48
Bridge	½ Drehung	**1 x 1–4**
2. Strophe	wie 1. Strophe, in entgegengesetzter Richtung	**6 x 1–8**
Bridge	s. o. Bridge	**1 x 1–4**
Instrumentalteil		**5 x 1–8**
	um die eigene Achse drehen, das Tuch dabei frei schwingen	1–40
3. Strophe	wie 1. Strophe	**6 x 1–8**
Bridge	s. o. Bridge	**1 x 1–4**
4. Strophe	wie 2. Strophe	**6 x 1–8**
Bridge	s. o. Bridge	**1 x 1–4**
Instrumentalteil		**5 x 1–8**
	s. o. Instrumentalteil	1–32
	in die Hocke gehen, Tuch in Händen verstecken	33–40

Didaktische Tipps

Für diese kleine Choreografie brauchen Sie keine großen Übungseinheiten. Die Kinder werden automatisch Ihrem Beispiel folgen. Lediglich das Stehen als Baum sollte vorher erklärt werden. Mal sehen, wer am längsten auf diese Weise auf einem Bein stehen kann. Bitte denken Sie auch daran, beim Üben das Standbein zu wechseln. Und wer von den Kindern noch eine kleine weitere Gleichgewichtsherausforderung braucht, der kann die Fußsohle des Spielbeins in Kniehöhe an das Standbein anlegen. Lassen sich dabei auch noch die Handflächen über dem Kopf zusammenbringen?

Tanzbeschreibung II

Material: für jedes Kind 1 Gardinenring aus Holz
Aufstellung: Innenstirnkreis, alle Kinder sitzen in der Hocke, der Ring liegt vor den Füßen auf dem Boden

Intro	warten	**1 x 1–4** **+ 2 x 1–8**
1. Strophe		**6 x 1–8**
Bäume, Bäume, Bäume	aufstehen und Hände einstützen	1–4
stehn im Wald.	die Arme in Schulterhöhe zu den Seiten öffnen und jeweils eine eigene Baumpose machen	5–8
Bäume, Bäume, … sind uralt.	die Arme lang über den Kopf strecken	9–16
Stehen auch … Park,	die Arme seitlich anwinkeln	17–24
sind ganz … ehrfurchtsvoll.	die Handflächen vor der Brust aneinander legen und Oberkörper leicht nach vorne neigen	25–48
Bridge	Pause	**1 x 1–4**
2. Strophe		**6 x 1–8**
Bäume, Bäume… ein Symbol.	den Ring vom Boden aufheben	1–8
Bäume, … ein Ruhepol.	Ring auf den Kopf legen	9–16
Verschwiegen, … steht er da.	Ring vor den Mund legen	17–24
Geheimes … Jahr für Jahr.	Ring ans rechte Ohr legen, linke Hand einstützen	25–32
Doch nichts … ganz leis.	mit der rechten Hand vor dem Körper abwinken, Füße öffnen und das Gewicht von einem Fuß auf den anderen verlagern, Arme in Schulterhöhe zu den Seiten öffnen	33–48
Bridge	Pause	**1 x 1–4**
Instrumentalteil		**5 x 1–8**
	freies Tanzen mit dem Ring durch den Raum am Ende wieder in einem Kreis aufstellen	1–40
3. Strophe		**6 x 1–8**
Bäume, … aus Holz	Ring vor dem Körper in Schulterhöhe zeigen	1–8
Bäume, … wirken stolz.	Ring auf den Kopf legen	9–16
Fest … engelsgleich	Ring bleibt auf dem Kopf, die Hände einstützen	17–32
in den Himmel … Sonne rauf.	den Ring über den Kopf strecken, in den Zehenballenstand gehen	33–48

Bridge	s. o. Bridge	**1 x 1–4**
4. Strophe		**6 x 1–8**
Bäume, … einen Stamm.	in die Mitte gehen, Ring mit beiden Händen halten	1–8
Bäume, … stehen stramm.	den Ring vor die Füße auf den Boden legen	9–16
Zuverlässig wartet er, *komm und setz dich zu ihm her.*	in den Fersensitz gehen – die Kinder legen ihre Arme rechts und links von hinten auf die Schultern des Nachbarn (nehmen sich in den Arm)	17–32
Umarme ihn auch manches Mal, *schenke ihm ein Freundschaftssignal.*	mit den Händen auf die Schultern des Nachbarn klopfen	33–48
Bridge	s. o. Bridge	**1 x 1–4**
Instrumentalteil	in die Hocke gehen	**5 x 1–8**

Der Katzentanz-Reggae

Tanzspiel 1

Material: Reifen, 1 pro Kind
Aufstellung: jedes Kind steht in einem Reifen

Intro	warten	1 x 1–2 + 1 x 1–8
Teil A		4 x 1–8
	aus dem Reifen treten und rechts um den Reifen herumlaufen	1–16
	Richtungswechsel	17–32
Teil B	frei durch den Raum hüpfen, am Ende in einem Reifen zum Stehen kommen	4 x 1–8 1–32
Teil A		4 x 1–8
	den linken Fuß vorne über dem rechten kreuzen, der linke Fuß steht jetzt außerhalb des Reifens; anschließend den rechten Fuß vorne über dem linken kreuzen usw. – bei diesem Vorwärts-Kreuzgang ist der rechte Fuß immer innerhalb des Reifens, der linke immer außerhalb des Reifens	1–32
Teil B	s. o. Teil B	4 x 1–8
Teil C		4 x 1–8
	warten	1–4
	rechte Hand patscht auf rechten Oberschenkel	5
	linke Hand patscht auf linken Oberschenkel	6
	rechte Hand patscht an linke Schulter, linke Hand an die rechte Schulter	7
	1x in die Hände klatschen	8
	die Klatschsequenz 5–8 wiederholen	9–32

Teil A	in und um den Reifen als Katze schleichen	4 x 1–8
Teil B	s. o. Teil B	4 x 1–8
Teil B	s. o. Teil B	4 x 1–8
	sich im Päckchensitz auf den Boden setzen	+1 x 1–8

Didaktische Tipps

Der schwierigste Part ist das Klatschen, vor allem der Teil, an dem die Hände über Kreuz an die Schultern gepatscht werden, da hierfür nur ein Schlag zur Verfügung steht.

Track 18 gibt daher nur den Teil C wieder, so dass die Kinder diesen separat üben können. Haben die Kleinen Bewegung und Rhythmus verstanden, können sie auch versuchen, dabei durch den Raum zu gehen.

Tanzspiel II für die Minis

Aufstellung: frei im Raum

Intro	warten	1 x 1–2 + 1 x 1–8
A-Teil		4 x 1–8
	wie eine Katze auf leisen Sohlen durch den Raum schleichen, dabei Krallen zeigen	1–32
B-Teil		4 x 1–8
	frei durch den Raum hüpfen	1–32
A-Teil	siehe Teil A	4 x 1–8
B-Teil	siehe Teil B	4 x 1–8
C-Teil		4 x 1–8
	einfrieren	1–32
Teil A	siehe Teil A	4 x 1–8
Teil B, Var.	siehe Teil B	4 x 1–8
Teil B, Var.	siehe Teil B in die Hocke gehen	4 x 1–8 + 1 x 1–8

Tanzbeschreibung | für Vorschulkinder

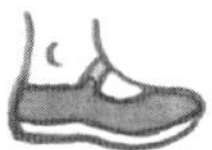

Material: pro Kind 1 Kinderregenschirm (wichtig ist die abgerundete Spitze am Schirm)
Vorbereitung: Regenschirme liegen geschlossen in zwei Reihen auf Lücke am Boden – die Abstände zwischen den Schirmen sollte mindestens 1 m betragen, zwischen den Reihen sollte ca. 2 m Platz bleiben
Aufstellung: in einer Raumecke, die Regenschirme liegen in Blockaufstellung

Intro	warten	**1 x 1–2** **+ 1 x 1–8**
A-Teil		**4 x 1–8**
	der rechte Fuß geht einen Schritt vor	1
	der linke tippt ohne Gewichtsbelastung daneben	2
	der linke Fuß geht einen Schritt vor	3
	der rechte tippt ohne Gewichtsbelastung daneben	4
	so schreitet jedes Kind zu seinem Regenschirm	5–24
	warten	25–28
	Regenschirm aufstellen, die Spitze ist unten, am Griff festhalten	29–32
B-Teil		**4 x 1–8**
	um den Regenschirm herumhüpfen, der Schirm bleibt dabei am Boden stehen	1–16
	Richtungswechsel	17–28
	stehenbleiben, Schirm anheben, Spitze zeigt nach vorne	29
	den Schirm in Hüfthöhe halten	30
	den Schirm per Knopfdruck aufspannen	31–32
A-Teil		**4 x 1–8**
	den Schirm wie einen Schirm nehmen, dabei den Stock an die linke Schulter lehnen und mit 8 kleinen Schritten vorwärtsgehen	1–8
	mit 8 kleinen Schritten rückwärtsgehen	9–16
	Wiederholung	17–32

B-Teil		**4 x 1–8**
	Schirm aufgespannt mit der Spitze auf den Boden stellen, am Griff festhalten, darum hüpfen	1–16
	Richtungswechsel	17–32
C-Teil		**4 x 1–8**
	den Schirm auf dem Boden ablegen (aufgespannt)	1–4
	mit dem rechten Fuß aufstampfen	5
	mit dem linken Fuß aufstampfen	6
	rechte Hand patscht an linke Schulter, linke Hand patscht an rechte Schulter	7
	in die Hände klatschen	8
	die Klanggestensequenz von 5–8 wiederholen	9–28
	in die Hocke gehen	29
	warten	30
	aufstehen, dabei den Schirm aufnehmen	31–32
A-Teil A		**4 x 1–8**
	den Schirm wie einen Schirm nehmen, dabei den Stock an die linke Schulter lehnen und mit 8 kleinen Schritten vorwärts gehen	1–8
	mit 8 kleinen Schritten rückwärtsgehen	9–16
	Wiederholung	17–32
B-Teil		**8 x 1–8**
	die vorderen Kinder drehen sich mit einer $^1/_4$ Drehung nach rechts, die Kinder der hinteren Reihe mit einer $^1/_4$ Drehung nach links. Nun hüpfen sie alle hintereinander her und drehen dabei ihren Regenschirm auf der Schulter	1–64
B-Teil		**4 x 1–8** **+ 1 x 1–8**
	die Bewegung von gerade weiterführen	1–28
	in die Hocke gehen und den Schirm aufgespannt vor sich abstellen, so dass jedes Kind hinter bzw. unter seinem Schirm versteckt ist	29–32
	warten	33–40

Didaktische Tipps

Die wenigsten Kinder werden schon einmal mit einem Regenschirm getanzt haben. Daher ist es das Allererste und Wichtigste die gemeinsamen Regeln festzulegen. Dazu gehört unter anderem, dass zum einen die Regenschirme nur auf Ihre Anweisung hin geöffnet werden und dass die Spitze des geschlossenen Schirms, die jedoch in jedem Fall abgerundet sein muss (wie es in der Regel bei allen Kinderschirmen der Fall ist) grundsätzlich nach unten zeigt und niemals auf eine andere Person.

Geben Sie den Kindern Zeit zu erforschen, was sich alles mit einem Regenschirm machen lässt und wie man sich damit bewegen kann. Zunächst in geschlossenem, später in aufgespanntem Zustand.

Falls die Kinder nicht von alleine darauf kommen, zeigen Sie Ihnen die Bewegung zum ersten B-Teil der Musik: Stellen Sie den Schirm mit der Spitze nach unten auf den Boden, halten Sie den Schirm am Griff fest und hüpfen Sie nun um den Schirm herum, ohne diesen zu bewegen.

* Dazu kann **Track 19** angesteuert werden, der eben diesen B-Teil der Musik wiedergibt. Führen Sie hier auch recht zügig das Aufspannen des Schirms ein.
* **Track 20** gibt den A-Teil der Musik 5 x hintereinander wieder, so dass Sie auch hier die Bewegungsabläufe zunächst separat mit den Kindern üben können.

Dresscodetipps für eine Aufführung

Der Tanz entfaltet seine volle Wirkung natürlich, wenn alle Regenschirme die gleiche Farbe haben. Da bei Einsatz dieses Materials im Kindergarten in den meisten Fällen die Unterstützung der Eltern erforderlich ist und jedes Kind seinen Regenschirm von zuhause mitbringt, wirkt es ruhiger, wenn die Kinder möglichst einheitlich angezogen sind und keine bunten oder grellen Farben tragen.

Tanzbeschreibung II für die Minis

Aufstellung: Innenstirnkreis, Hände gefasst

Intro	warten	**1 x 1–2** **+ 1 x 1–8**
Teil A		**4 x 1–8**
	mit kleinen Schritten vorwärts in die Mitte gehen	1–8
	mit kleinen Schritten rückwärts aus der Mitte gehen	9–16
	Wiederholung	17–32
Teil B		**4 x 1–8**
	rechts herum auf der Kreisbahn hüpfen	1–16
	Richtungswechsel	17–32
Teil A	s. o. Teil A	**4 x 1–8**
Teil B	s. o. Teil B	**4 x 1–8**
Teil C		**4 x 1–8**
	in die Hände klatschen	1–32
Teil A	s. o. Teil A	**4 x 1–8**
Teil B, Var.	s. o. Teil B	**4 x 1–8**
Teil B, Var.		**4 x 1–8** **+ 1 x 1–8**
	siehe Teil B	1–32
	in die Hocke gehen	33–40

Der Gummitwist-Tanz  8

Tanzbeschreibung 1

Aufstellung: paarweise gegenüber

Intro		**4 x 1–8**
	im Grundschlag klatschen, dabei in den Knien wippen	1–32
A-Teil		**8 x 1–8**
	rechte Arme einhaken und im Kreis umeinander laufen, dabei mit den Fersen jedes Mal den Po berühren	1–32
	Richtungswechsel	33–60
	sich gegenüber aufstellen und beide Hände reichen	61–64
B-Teil		**4 x 1–8 + 1 x 1–4**
	Kind 1 geht in die Hocke	1–4
	Kind 1 steht wieder auf, gleichzeitig geht Kind 2 in die Hocke	5–8
	diese Bewegung im Wechsel ausführen	9–32
	das stehende Kind bleibt stehen, das in der Hocke sitzende Kind steht auf	33–36
Bridge		**2 x 1–8**
	beide Kinder drehen sich, ohne die Hände zu lösen, unter ihren Armen durch	1–8
	Wiederholung	9–16
A-Teil	s. o. Teil A	**8 x 1–8**
B-Teil	s. o. Teil B	**4 x 1–8 + 1 x 1–4**
Bridge	s. o. Bridge	**2 x 1–8**
A-Teil	s. o. Teil A	**8 x 1–8**

B-Teil	s. o. Teil B	4 x 1–8 + 1 x 1–4
Schluss	wie Bridge, die Bewegung jedoch nur 1 x ausführen und am Ende gemeinsam in die Hocke gehen	2 x 1–8

Intro-Variante für Vorschulkinder

Vorschulkinder können während des Intros auch eine gemeinsame Klatschvariante spielen. Dabei ist die Klatschsequenz an sich nicht schwierig. Was jedoch eine Herausforderung darstellt, ist der Einstieg in das Spiel. Daher sollten Sie die Kinder in jedem Fall einzählen.

laut mitzählen: Eins, Zwei, Drei	1–3
2 x schnell in die eigenen Hände klatschen	4
die rechten Handflächen der Kinder klatschen in Schulterhöhe aneinander	5
1 x schnell in die eigenen Hände klatschen	6
die linken Handflächen der Kinder klatschen in Schulterhöhe aneinander	7
2 x schnell in die eigenen Hände klatschen	8
Wiederholung	9–32

Dieses Klatschspiel kann auch während der Bridge eingesetzt werden, aber auch hier brauchen die Kinder Hilfe beim Einzählen.

Erfahrungsgemäß sind nie alle Kinder einer Gruppe rhythmisch gleich stark. Es spricht jedoch nichts dagegen, bei der Bridge einen Teil der Kinder klatschen und einen anderen Teil die oben beschriebene Drehung ausführen zu lassen. Auch bei einer Aufführung wirkt das optisch sehr schön.

Track 21 gibt eben jenes Intro mehrfach hintereinander wieder, so dass der Einstieg leichter geübt werden kann. Die Klatschsequenz sollten die Kinder jedoch verstanden haben, bevor die Musik das erste Mal zum Einsatz kommt.

Dresscodetipps für eine Aufführung

Die Jungs tragen Jeans, T-Shirt und Hosenträger, die Mädchen Rock und T-Shirt.

Übrigens: Wenn immer ein Junge und ein Mädchen ein Kinderpaar bilden, wirkt es besonders schön, wenn sich die Farben bei einem Paar spiegeln, alle Paare jedoch unterschiedliche Farben tragen.

Tanzspiel

Material: Gummitwists (3 oder mehr)
Aufstellung: Je 2 Kinder stellen sich breitbeinig in ein Gummitwistspiel, so dass das Gummi um ihre Fußknöchel liegt und in der Länge gespannt ist. Die drei Kinderpaare stehen dabei in einem Abstand von ca. 3 m.
Alle anderen Kinder stehen in einer Reihe hintereinander vor dem ersten Gummi.

Während die Musik spielt, laufen die Kinder hintereinander durch den Raum. Dabei springen sie über die Gummis. Nach dem dritten Gummitwist geht es in einer großen Kurve zurück zum Anfang, wo sie erneut die Reihe der Gummitwists durchlaufen, bzw. überspringen. Dabei kann die Art und Weise des Sprungs variiert werden. Möglich sind Sprünge mit geschlossenen Beinen, Kinderhüpfer oder auch seitliches Springen, wobei sich das Gummi zwischen den Füßen befinden muss. Stoppt die Musik ändert sich die Sprungart. Möglich ist auch die Änderung der Gummihöhe.
Bitte denken Sie auch daran, die Gummitwistkinder auszuwechseln!

Variante
Das Gummi befindet sich unter den Schultern der Gummitwistkinder und alle Kinder laufen darunter durch. Bei jedem Musikstopp wandert das Gummi über die Hüfte und die Kniekehlen weiter nach unten. Wer kommt jetzt immer noch darunter durch?

Tanzbeschreibung II

Material: weiche, bunte Nylon Duschschwämme, 1 pro Kind
Aufstellung: verteilt in zwei Raumecken
Hinweis: Damit die Kinder ihren Aufstellplatz leichter finden, ist es empfehlenswert zur Orientierung, kleine Punkte (mit Gefrieretiketten oder Malerkrepp) auf den Boden zu kleben.

Intro		**4 x 1–8**
	die Kinder kommen fröhlich winkend im Takt in den Raum und stellen sich in einer Blockaufstellung auf; die Beine stehen dabei in einer leichten Grätsche, die Duschschwämme befinden sich in der rechten Hand	1–32
A-Teil		**8 x 1–8**
	linken Arm in Schulterhöhe gerade nach vorne ausstrecken, mit dem Schwamm im Takt immer wieder zur Hand-zur Schulter und zurück wischen linken Arm senkrecht nach oben in die Luft strecken,	1–8
	mit dem Schwamm 2 x von Achsel bis Hüfte und zurück wischen	9–16
	über den linken Oberschenkel wischen	17–20
	über den rechten Oberschenkel wischen	21–24
	4 Kreise über den Bauch fahren	25–32
	den Schwamm in die linke Hand nehmen und alle Bewegungen von oben gegengleich wiederholen	33–64
B-Teil		**4 x 1–8** **+ 1 x 1–4**
	auf der Stelle laufen, dabei schlagen die Fersen an den Po, Oberkörper ist leicht nach vorne gebeugt	1–16
	4 Hampelmannsprünge*	17–24
	8 Hampelmannsprünge	25–32
	Putzschwamm in die Luft werfen und wieder auffangen	+ 1–4
Bridge	die Kinder der ersten Linie laufen über die Seiten nach hinten, alle anderen Linien rutschen nach vorne	**2 x 1–8** 1–16
A-Teil	s.o.	**8 x 1–8**
B-Teil	s.o.	**4 x 1–8** **+ 1 x 1–4**
Bridge	s.o.	**2 x 1–8**
A-Teil	s.o.	**8 x 1–8**
B-Teil	s.o.	**4 x 1–8** **+ 1 x 1–4**
Schluss	alle Kinder winken fröhlich mit ihren Schwämmen	**2 x 1–8**

* Vorschulkinder können auch versuchen, Kreuzsprünge umzusetzen

Anhang

Register der Tänze nach Schwierigkeitsgrad

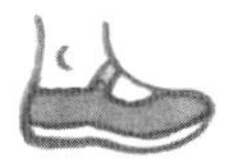

Die Autorinnen · Der Musiker · Die Illustratorin

Elke Gulden ist staatlich geprüfte Gymnastiklehrerin, Tanzpädagogin und Yogalehrerin, leitet Fortbildungen zur musikalischen Früherziehung, kreativen Bewegungserziehung und Kindertanz für ErzieherInnen und Lehrkräfte im In- und Ausland. Die Autorin lebt in Stuttgart. Fortbildungsangebote unter: www.elke-gulden.de

Bettina Scheer, Studium der Grundschulpädagogik, gibt Fortbildungen für pädagogische Fachkräfte zur kindlichen Sinnesentwicklung und ganzheitlichen musikalischen Früherziehung.Die Autorin lebt in der Nähe von Saarbrücken.

Ralf Kiwit ist Musiker, Komponist, Musikproduzent und Musikpädagoge. Als Saxophonist ist er seit 1985 in unterschiedlichsten Bühnen-Projekten unterwegs. Als Komponist für Theatermusik hat er an vielen Bühnen in NRW gearbeitet. Heute komponiert und produziert er im eigenen subTONE Tonstudio in Dortmund Musik für CD-, Theater- und Fernseh-Produktionen. Einen Namen hat er sich durch viele Musik-Produktionen für Kinder gemacht, von denen die meisten im Ökotopia Verlag erschienen sind. www.subtone.de

Simone Pahl zeichnete schon immer leidenschaftlich gerne. Sie studierte zunächst Architektur in Berlin. Bereits während ihrer Tätigkeit als Architektin wurden zahlreiche Illustrationen von ihr veröffentlicht. 2004 beschloss sie, ihre Leidenschaft zum Beruf zu machen. Seitdem sorgt sie als freie Illustratorin für eine anspruchsvolle Bebilderung von Unterrichtsmaterialien, Lernspielen und Kinder- und Jugendbüchern verschiedener Verlage. Ihr Ziel ist es, durch einen einfühlsamen und lebendigen Zeichenstil die Inhalte von Texten eindrucksvoll zu vermitteln. Sie ist Mitglied der „Illustratoren Organisation e.V.“. Weitere Infos unter www.simonepahl.de

Infos zur CD

Trackliste

Mitwirkende

Gesang: Berit Tenhaven, Elke Gulden, Adrian Kroneberger, Luisa Kiwit, Ralf Kiwit

Musikinstrumente: Gitarren, Mandoline, Geige: Reinold Alexander · Piano, Keyboards, Xylophon, Saxofone: Ralf Kiwit · Drums: Ralph Neuhaus · Bass: Tom Bär · Perkussion: Francisco Sandi · Bläsersätze: Die „subtone STUDIO Horns"

Texte: Bettina Scheer, Elke Gulden   **Musik:** Ralf Kiwit

Aufgenommen, gemischt und gemastert von Ralf Kiwit im subtone Studio Dortmund: www.subtone.de

Jeden Tag wachsen

Gertraud Mayrhofer

ICH SCHENK DIR EINEN TANZ

Ein tanzpädagogisches Erlebnisbuch für Kiga und Grundschule

ISBN (Buch inkl. CD) 978-3-86702-229-3

Wolfgang Hering, Helga Zachmann

KUNTERBUNTE TANZSPIELHITS

Pfiffige Kindertanzprojekte mit Liedern, Bewegungsideen, Reimen und Spielaktionen

ISBN (Buch) 978-3-86702-048-0
ISBN (Doppel-CD) 978-3-86702-049-7

Sabine Hirler

KINDER BRAUCHEN MUSIK, SPIEL UND TANZ

Bewegt-musikalische Spiele, Lieder und Spielgeschichten für kleine und große Kinder

ISBN (Buch) 978-3-931902-28-5
ISBN (CD) 978-3-931902-29-2

Charlotte von Feyerabend

RASSEL-KÜRBIS & STROHHALM-FLÖTE

Kreative Kiga-Instrumente zum Basteln und Musikmachen

ISBN 978-3-86702-297-2

Sybille Günther

VORHANG AUF, DRAUFLOSGESPIELT!

Das Handbuch zum Darstellenden Spiel für Kinder von 4 bis 10

ISBN 978-3-86702-221-7

Ursula Lietz

NEUE KASPERLESTÜCKE FÜR VIELE ANLÄSSE

Zum Nachspielen und Mitmachen für Menschen ab 3 Jahren

ISBN 978-3-86702-106-7

Bleiben Sie in Kontakt

www.oekotopia-verlag.de